Bienes Raíces: un negocio de millonarios

Jesús Gastelum Lage

MORLIS
BOOKS

© Edición: Morlis Books®
© Diseño de portada: Morlis Books®
© Diseño de interiores: Morlis Books®

© Autor: Jesús Gastelum Lage
Primera edición (2019).

© *Bienes Raíces: un negocio de millonarios* es una publicación escrita por Jesús Gastelum Lage y editada por Morlis Editores, S.C., Campo Real 1606, Plaza Pabellón interior 18, El Refugio, Querétaro, Querétaro. 76146.
www.morlisbooks.com

No se permite la reproducción total o parcial de esta obra ni su incorporación a un sistema informático ni su transmisión en cualquier forma o por cualquier medio (electrónico, mecánico, fotocopia, grabación u otros) sin autorización previa y por escrito del autor. La información, la opinión, el análisis y el contenido de esta publicación es responsabilidad de los autores que la firman y no necesariamente representan el punto de vista de la casa editorial.

Índice

Dedicatoria	5
Agradecimientos	7
Introducción	9
1. Entiende el negocio	11
2. Escucha en verdad a tu cliente y amigo	13
3. Valida si en realidad entendiste	15
4. Configura la oferta	17
5. Explica los alcances y pasos a seguir	19
6. Tiempo de cerrar la venta	21
7. Celebra y comparte	23
Bienes Raíces: un negocio de millonarios	25

Dedicatoria

Este libro se lo dedico al hombre que supo convertir las piedras en diamantes. Se lo dedico al emprendedor que nació con poco y aprendió a ganar millones.

Se lo dedico a la persona que más allá del dinero, le encantaba ver a sus clientes y amigos sonreír antes, durante y años después por haber tomado una buena decisión en materia de bienes raíces.

Aún más importante, al hombre que me enseñó que las personas sí pueden cambiar y transformar su entorno de forma positiva si así lo desean.

Se lo dedico al hombre que fue un gran hijo, hermano, esposo, amigo, maestro y papá.

Gracias por tanto, Fugi.

A todos los asesores inmobiliarios que han decidido apostar su vida a esta profesión y los que están por hacerlo.

Agradecimientos

Un libro es la creación y resultado del esfuerzo, trabajo e inspiración de muchas personas sintetizadas y compartidas en la mente de un autor.

Quiero extender mi agradecimiento a mis amigos y mentores del mundo inmobiliario, quienes generosamente contribuyeron a que este libro pueda ser un instrumento práctico y útil para los valientes que desean tener éxito en el ámbito de la intermediación inmobiliaria.

Gracias a Fernando Covarrubias, Mario Suárez, Gabriel Bourget, Enrique Trava Griffin y a mis socios de Square Capital, José Luis Haro y Víctor de la Torre por sus consejos, comentarios e inspiración.

A Frida y a Maya por ser pacientes y amorosas con papá y energizarme con su vitalidad y hambre de aprendizaje.

En especial, quiero extender mi agradecimiento a mi amiga, asesora, coach y compañera de vida por apoyarme y alentarme a ser la mejor versión que puedo ser, gracias Fer.

Introducción

Mis papás me enseñaron que la única puerta que está cerrada en la vida es la que uno decide no tocar. También me enseñaron junto con mi abuelo que las personas más exitosas son las que tienen la capacidad de definir su propósito de vida, elegir sus objetivos, planear la estrategia, ejecutarla, realizar ajustes en el tiempo y perseguir sus objetivos hasta cumplirlos.

Finalmente, dicen que el ejemplo arrastra y yo nací en el hogar de un hombre que pasó de pobre a millonario y el cual me enseñó que no se necesita un título de Harvard para conseguir tus objetivos en la vida. También aprendí de una mujer estudiosa que a pesar de tener muchos títulos, la humildad y capacidad de instruirse todos los días, en algo

Jesús Gastelum nació y creció en el mundo inmobiliario. Realizó su licenciatura en el Tec de Monterrey y obtuvo sus dos maestrías en la London School of Economics y en el IPADE Business School. Gastelum ha dirigido equipos de alto rendimiento a nivel nacional e internacional. Ha sido catedrático en instituciones académicas como el ITAM. Es conferencista internacional y es fundador de empresas sociales e inmobiliarias que buscan mejorar la vida de las personas. De igual manera, contribuye a causas de alto impacto social como voluntario en Consejos Directivos de Organizaciones de la Sociedad Civil.

nuevo, es el título más difícil de obtener y finalmente, mi abuelo me enseñó que es más importante escuchar que hablar.

México es un país en donde casi la mitad de la población vive en pobreza como señala el CONEVAL, y América Latina padece del mismo dolor de cabeza.

De igual manera, sé que millones de personas en México y en América Latina no nacen con las mismas oportunidades para perseguir sus sueños.

Lo que sí sé es que existe un negocio muy generoso que te permite ganar millones de pesos si le dedicas tiempo, capacitación y acción, sin importar el estrato social en el que naces.

El objetivo de este ebook ejecutivo es compartirte los 7 secretos con los cuales mi papá llegó a la cima de la intermediación inmobiliaria, esto le permitió generar millones de pesos.

Si consideras estos consejos, estoy seguro de que en menos de lo que canta un gallo estarás probablemente ganando millones.

1. Entiende el negocio

No te equivoques, el objetivo de este negocio no es hacerte millonario.

El propósito del emprendedor que apuesta por la intermediación inmobiliaria es la elección de ayudar a conseguir la propiedad ideal para sus clientes y amigos o la inversión más rentable para los que buscan un rendimiento competitivo.

Repito, este negocio se trata de encontrar lo que tú, como profesional y experto, puedes hacer por tus clientes que terminan siendo tus amigos de por vida si realizas bien tu trabajo.

Por otra parte, este negocio también se trata de ayudar a que tus clientes y amigos que desean vender su propiedad lo puedan realizar en el precio correcto y sin muchas complicaciones administrativas.

Si asumimos que estos dos objetivos son ciertos y que tu intención será maximizar el impacto del mayor número de clientes y amigos, entonces el primer paso que te recomiendo es que comuniques a la brevedad, a todos tus conocidos, que estás en este negocio tan noble y que a partir de hoy estás en condición de ayudarlos.

Para compartir esta gran noticia, te sugiero que les informes a tus contactos a través de llamadas telefónicas, correos electrónicos, mensajes de WhatsApp, Facebook, Twitter, Instagram u otros canales que consideres pertinentes para que se enteren que deseas poner tu conocimiento y expertise a su favor.

Este negocio prácticamente te permitirá asesorar a tus clientes y amigos para apoyarlos a conseguir la propiedad o inmueble que desean o también capitalizar su economía al vender alguna propiedad que tengan previsto ofrecer.

Sobre este último punto, te recuerdo que es muy importante en este negocio el buscar que tus clientes y amigos conozcan de los grandes beneficios que trae el exclusivar contigo sus propiedades.

No te dejes engañar por el rumor típico que corre en este sector donde varios asesores inmobiliarios te podrán compartir todas las razones por las cuales ya no se exclusiva.

La realidad es que los asesores que cuidan su tiempo, empresa, clientes y amigos, respetan su tiempo y el de los demás por lo que buscarán explicar todos los beneficios de la exclusiva con la finalidad de poder ayudar a los clientes y amigos que desean vender.

2. Escucha en verdad a tu cliente y amigo

Mi papá era un maestro en el arte de preguntar y escuchar. Recuerdo perfecto que desde secundaria y preparatoria me hacía partícipe de cierres de ventas millonarias en donde me pedía sentarme en una esquina para escuchar y aprender.

Además, me pedía tomar nota pues al final de la reunión estaría listo para preguntarme lo que aprendí en dicha operación.

Recuerdo que hubo operaciones complicadas en donde mi papá me decía que el ingrediente clave para llegar a destrabar cualquier inconformidad, conflicto o diferencia era la capacidad de entender bien lo que querían las dos partes, tanto el comprador como el vendedor.

Este consejo parece que es muy obvio, pero me ha tocado experimentar en este sector que hay muchos asesores que parecen robots; su cliente y amigo les habla y al final pareciera que no escucharon pues terminan ofreciendo algo muy ajeno a lo que se les solicitó.

En este sentido, te invito a que apliques el método de Sócrates, la Mayéutica, el cual consiste en parir la verdad a través de preguntas. En concreto, te invito a realizar mínimo las siguientes preguntas:

a) ¿Qué tipo de propiedad deseas comprar? (residencial, comercial o industrial)

b) ¿Deseas comprar la propiedad para habitarla o como inversión? ¿Cuánto esperas de retorno anual?

c) ¿Cuándo tienes pensado comprar dicha propiedad?

d) ¿Consideras utilizar recursos propios o gestionar un crédito hipotecario?

e) ¿Cuánto tienes en mente invertir aproximadamente?

f) En caso de comprar como inversión, cuánto esperas de rendimiento anual.

La realidad es que puedes preguntar muchas cosas más, pero si no tienes mínimo la información de las preguntas anteriores, la verdad es que vas a frustrar a tu cliente cuando envíes información y tú también te vas a frustrar pues el canal de comunicación se empezará a contaminar por falta de entendimiento causada por tu falta de capacidad de escucha.

Así que recuerda: pregunta, pregunta y vuelve a preguntar.

3. Valida si en realidad entendiste

Validar si entendiste lo que en realidad desea tu cliente y amigo pudiera pensarse como un acto de estupidez si lo tomamos a la ligera. Para algunos pudiera ser hasta ofensivo el que mi papá diera este consejo pues consideraban que, al buen entendedor, pocas palabras.

La realidad es que uno de los mayores retos que enfrenta hoy día la humanidad, y mi papá lo dominaba, era la capacidad de escuchar, comunicar, interpretar y entender.

Para evitar confusiones, mi papá siempre me recomendó llevar una libreta y pluma para anotar absolutamente todo cuando estuviera preguntando todo lo que necesitaba para poder ayudar a mi cliente y amigo con la finalidad de poder llegar a buen puerto.

En seguida, mi papá me indicaba que después de tomar nota sobre las respuestas, es recomendable, y pudiera ser hasta bien recibido en la mayoría de las conversaciones, el preguntar a tu cliente y amigo si lo que realmente busca es "x" o "y", con eso validaba si realmente estaban él y sus clientes en el mismo canal.

Si algo gozaba mi papá era el escuchar a sus clientes y, posteriormente, arrancar una sonrisa cuando validaba con ellos si estaban hablando de lo mismo.

Una vez que tenía esta información, era mucho más fácil salir a buscar la propiedad que necesitaba.

Las preguntas ganadoras de mi papá para validar la información eran las siguientes:

a) Entonces lo que deseas comprar es para habitar, ¿cierto? [técnica de equivocación intencional para obtener la información correcta].

b) ¿La propiedad la piensa estar escriturando el siguiente mes? (o el periodo que el cliente indicó).

c) Entonces piensas utilizar tus ahorros, ¿te interesaría comprar con crédito para que te apoye a gestionarlo?

d) Solo validando, ¿lo que piensas invertir es la cantidad de XX?, ¿correcto?

e) El rendimiento que esperas es de XX%, ¿cierto?

El validar, te acercará siempre a conseguir lo que desea tu cliente y amigo.

Este negocio se trata de conectar, para conectar necesitas escuchar y validar.

4. CONFIGURA LA OFERTA

Tu cliente y amigo te acaba de informar que sí quiere comprar o vender la propiedad. Buenas noticias. "Menos es más".

Mi papá nunca se cansó de decirme esta frase tan popular. La realidad es que no se equivocó con este consejo y también me comentaba que las ofertas tienen que ser ejecutivas, claras y directas.

En este sector si así lo deseas puedes llegar con 100 cuartillas explicando si la propiedad es un buen producto, de ahí a que las lean es otro boleto.

La realidad es que entre más compleja entregues la información o reportes, más complicada tornarás la operación. Entre más sencilla des la información, más fácil será para todos llegar a la cima deseada.

Cuando un cliente te informa que desea comprar la propiedad, seguramente se procederá a la firma de un contrato privado de compraventa o lo que aplique, según la norma local del lugar donde resides. Antes de firmar, te recomiendo que tu cliente presente una propuesta de oferta formal donde confirme la información fundamental de la operación, con lo cual aparta la propiedad:

a)   Nombre del interesado

b) Domicilio y teléfono del interesado
c) Fecha
d) Nombre de la propiedad
e) Precio que ofrece
f) Notario con el que desea realizar la operación
g) Datos de contacto del asesor inmobiliario

Si se trata de aceptar una oferta para vender la propiedad de tu cliente, entonces sugiero que compartan la siguiente carta de entendimiento:

a) Nombre del vendedor
b) Domicilio y teléfono del vendedor
c) Nombre de la propiedad que vende
d) Domicilio de la propiedad que vende
e) Oferta económica que aceptó
f) Plazo para realizar el contrato de compraventa y la firma de la escritura
g) Modalidad de pago (contado o crédito)
h) Costos notariales aproximados
i) Costos de mantenimiento
j) Características de la propiedad
k) Datos de contacto del asesor inmobiliario

Una imagen dice más que mil palabras, no te cuesta nada presentar esta información en hoja membretada e impresa o digital con la finalidad de dar formalidad a la operación.

El asesor inmobiliario siempre tiene que ir un paso adelante.

Este paso es muy importante pues prepara a las dos partes para mentalizarse y empezar a reunir toda la documentación que se va a requerir para aterrizar la operación en la fecha deseada entre las dos partes.

5. Explica los alcances y pasos a seguir

Mi papá era enemigo número uno de las empresas que aman esconder los términos relevantes de un acuerdo en cualquier operación detrás de las famosas letras chiquitas que suelen aparecer en documentos comerciales o de otra naturaleza.

En este sentido, el consejo de mi papá era tener dominadas las cláusulas que son de gran relevancia en cualquier operación para las dos partes, ya sea en el contrato privado o en la escritura.

Como solía decir él con su francés, "no te hagas pendejo y dile la verdad a las dos partes pues la transparencia es el rey de los cierres".

En síntesis, Jesús Gastelum Torres (mi papá) recomendaba evidenciar a las dos partes las siguientes clausulas:
- a) Nombre completo de las dos partes
- b) Domicilio particular y teléfono de las dos partes
- c) Fecha de entrega del inmueble
- d) Precio de venta del inmueble
- e) Gastos de la operación para las dos partes (incluyendo pago de impuestos)
- f) Condiciones de la compra

g) Lista detallada y específica de todos los bienes que entran en la compraventa
h) En qué fecha se entrega la propiedad
i) Quién se hace cargo de los pagos pendientes acordados
j) Evidencia de estar al corriente en pagos de mantenimiento
k) Acordar el pago de comisiones de la parte vendedora con el Asesor Inmobiliario
l) Los nombres tienen que aparecer exactamente como aparece en la identificación oficial que se presenta
m) Detalles concretos del inmueble
n) Cláusula sobre validez de subarrendamiento en caso de renta
o) El Costo Anual Total (CAT) en caso de haber solicitado un crédito a la parte compradora.
p) Vigencia del contrato de compraventa

El asesor inmobiliario deberá reunir toda esta información y tener claridad para explicar a las dos partes y entregar por escrito y por correo electrónico.

No hay excusa.

6. Tiempo de cerrar la venta

Las dos partes ya te entregaron toda la información, ahora, ¿qué debes de hacer?

Llegó el momento de levantar la mano y sumar al notario. Consulta a la parte compradora si tiene algún notario de preferencia, ésta práctica es común en México como acto de cortesía (cuando la compra es con crédito bancario normalmente la institución financiera elige al notario).

Al notario le deberás de entregar toda la información que te solicite.

De igual forma, será importante enviar al notario los datos directos del comprador y vendedor pues en algunas operaciones tendrás clientes que prefieran entregar de forma directa toda la documentación por cuestiones de privacidad y cuidado de información sensible.

Es muy importante que tú, como asesor inmobiliario, leas en su totalidad el proyecto de contrato privado de compraventa y el proyecto de escritura.

De igual manera, si no eres abogado, es muy importante que construyas alianzas con un abogado que te dé su opinión externa del contrato para proteger a tu cliente y amigo.

Asimismo, tú debes asumir que eres el responsable de enviar estos anteproyectos o borradores a todas las partes y validar por escrito y correo electrónico si están de acuerdo con dichos documentos, antes del día de firma, ya que probablemente quieres evitarte la penosa situación de llegar al día de firma de escritura y que el documento tenga errores de dedo, gramática, sintaxis o de fondo que no fueron validados previamente y que te lleve por tanto a que no se realice la venta.

Recuerda que lo más valioso para una persona es el tiempo.

En este sentido, en cada paso que das como Asesor Inmobiliario deberás estar consciente de que todo documento debe estar validado previo a convocar a alguna cita o buscar la firma de algún documento de carácter oficial.

Finalmente, hay que solicitar al notario la fecha para firma de dicho documento e informar a las dos partes involucradas con la finalidad de que todo mundo tenga claridad en el día, hora, lugar y documentación que deben llevar en original, así como copias para el día de la firma.

7. Celebra y comparte

Este día es uno de los más dulces en la vida de un Asesor Inmobiliario, se trata del día en que se firma la escritura y naturalmente tú debes de recibir tu comisión por tu servicio profesional.

Estoy seguro que si realizas estos pasos, tendrás muchos de estos días.

Este día es un gran día porque tu cliente y amigo recibirá la propiedad (a menos que exista otro tipo de acuerdo para fecha de entrega).

Procura pedir al vendedor o desarrollador si pueden preparar una lista de entregables que puedan validar las dos partes en el momento de entrega de la propiedad.

Te sugiero organizar o pedir al desarrollador si puede entregar en alguna carpeta toda la documentación ordenada de manuales de aparatos, garantías en caso de que aplique, directorio de servicios cercanos a la propiedad, números de emergencia, teléfono de administración en caso de haberla y, si es posible, algún llavero para las llaves de la propiedad.

Ese día busca que la propiedad se entregue limpia, con base en los acuerdos previos, juego de llaves, que se informe a la administración en caso de que la propiedad se encuentre en régimen de condominio y garantiza el envío digital de reglamentos, siempre y cuando apliquen, así como la explicación del uso de cualquier aparato en el hogar, en caso de que existan.

Finalmente, este negocio no busca ayudar a un solo cliente y amigo, desea auxiliar al mayor número de clientes y amigos posibles, pues esta necesidad la tienen todas las personas.

Por eso, pide siempre referidos a tus clientes de las dos partes para que puedas seguir ayudando y generando un impacto positivo en tus clientes y amigos.

Bienes Raíces:
un negocio de millonarios

Mi papá siempre me dijo que este negocio está dirigido a impactar positivamente en las personas que atiendes. El dinero que recibes será el resultado de tu profesionalismo, calidad en el servicio, confianza que generas y capacidad de réplica. Recuerda que este negocio funciona debido a que el Asesor Inmobiliario ofrece su servicio, experiencia, red de contactos, formación, capacidad de venta, conocimiento en comercialización de productos inmobiliarios y financieros, conocimiento fiscal y legal, capacidad de resolución de conflictos y bagaje de la materia a cambio de un porcentaje sobre el valor de venta. Normalmente, la comisión en el caso mexicano oscila en una exclusiva entre el 5% y 7%.

Si realizas tu trabajo bien y sigues los consejos de mi padre antes mencionados, probablemente estarás vendiendo propiedades de millones de pesos y ganando comisiones que en suma te permitirán recibir varios millones de pesos y ayudar a miles de personas.

Si todavía estás escéptico, te invito a que realices un juego muy simple de aritmética donde tendrás que establecer cuánto quieres ganar anualmente neto en comisiones y sobre esto deberás saber cuántas propiedades en promedio debes vender al mes para llegar a tu meta.

Recuerda que para que este negocio te dé millones de pesos, deberás elegir tus objetivos, planear la estrategia, ejecutarla, realizar ajustes en el tiempo y perseguir tus objetivos hasta cumplirlos.

Sé que todo esto es posible pues viví con una persona que pudo cumplir todo esto y más.

No solo eso, también dejó su conocimiento, experiencia y corazón en alguien que eligió continuar con su legado y compartir su fórmula de éxito con socios, amigos y aliados en el mundo inmobiliario.

Al igual que en muchos de los amigos de mi papá, la semilla inmobiliaria germinó y fue lo que me llevó a crear Square Capital, empresa del ramo inmobiliario que fundé con José Luis Haro y Víctor de la Torre con el objetivo de ayudar a que nuestros amigos vivan en la casa de sus sueños o que obtengan rendimientos muy competitivos. Con toda la humildad te puedo compartir que estos siete consejos los he aplicado yo también y he visto que vender y generar millones en comisiones sí es posible.

A pesar de los resultados económicos de Square Capital, los cuales son positivos, lo más inspirador para mí, es llegar a ese día en el que se firmará la escritura con mi cliente, verlo sonreír, ver ese jardín enorme en el que ahora estará su casa, ver ese campo de golf, o saber que está feliz pues es un inversionista que sabe que está por ganar mucho dinero, por realizar una inversión relevante y para mí, esa sonrisa es mi gasolina del día a día, la cual puedo gozar con los tantos amigos y familia que me ha regalo este negocio y la vida.

www.ingramcontent.com/pod-product-compliance
Lightning Source LLC
Chambersburg PA
CBHW070914220526
45466CB00005B/2207